AF347083

# 87 LEÇONS D'HARMONIE

Basses et Chants

PAR

# Théodore Dubois

Professeur de Composition au Conservatoire
Inspecteur de l'Enseignement musical

SUIVIES DE

# 34 LEÇONS RÉALISÉES

PAR LES PREMIERS PRIX

De sa Classe d'Harmonie aux Concours du Conservatoire

(1873-1891)

PRIX NET: 15 Francs

PARIS

AU MÉNESTREL, 2 bis, RUE VIVIENNE, HEUGEL & Cie

# 87
# LEÇONS D'HARMONIE

## Basses et Chants

PAR

## Théodore Dubois

Professeur de Composition au Conservatoire
Inspecteur de l'Enseignement musical

SUIVIES DE

## 34 LEÇONS RÉALISÉES

PAR LES PREMIERS PRIX

De sa Classe d'Harmonie aux Concours du Conservatoire

(1873-1891)

PRIX NET : 15 Francs

PARIS

AU MÉNESTREL, 2 bis, RUE VIVIENNE, HEUGEL & Cie

*Éditeurs pour tous pays.*



1891

# INTRODUCTION.

Les 42 premières leçons de ce Recueil sont réalisées par nous; les 45 suivantes ne le sont pas; elles sont présentées sous forme d'exercices, d'abord avec le texte simple et ensuite avec l'harmonie chiffrée. Toutes ont été écrites pour les besoins de notre classe d'harmonie, et pour plusieurs des Concours du Conservatoire, (classes des femmes) [1] Elles forment en quelque sorte un Complément pratique à nos *NOTES ET ÉTUDES D'HARMONIE,* [2] et sont l'application, au point de vue scolastique surtout, de nos principes théoriques sur cette Science. Les élèves peuvent donc, croyons-nous, y puiser des enseignements utiles à leurs progrès.

Les leçons de 1ᵉʳ Prix exciteront leur émulation en leur montrant le degré de force qu'il faut atteindre pour obtenir cette récompense, enviée par eux. [3]

Les 45 leçons pour servir d'exercices (de 43 à 87) seront réalisées une première fois sur le texte simple, et une seconde fois avec l'harmonie chiffrée, en se rapprochant le plus possible du style des 42 premières leçons de ce Recueil. Ce travail, fait soigneusement, amènera des progrès certains. Enfin l'élève peut aussi se servir du texte de nos leçons réalisées, de la manière suivante: Cacher conscien-

---

[1] L'Auteur a été Professeur d'harmonie au Conservatoire d'Octobre 1871 à Février 1891, époque à laquelle il prit direction de la Classe de Composition laissée vacante par le mort du regretté **LÉO DELIBES**. Son enseignement a été récompensé par 21 premiers Prix, 14 seconds Prix et 38 Accessits; soit 73 nominations.

[2] Au MÉNESTREL, 2 bis, rue Vivienne, H. Heugel et Cⁱᵉ Éditeurs.

[3] Le Programme des Concours d'harmonie, au Conservatoire, consiste dans la réalisation à 4 parties vocales d'une *Basse donnée* (sans chiffres) ainsi que d'un *Chant donné*. Pour certains concours, nous n'avons fait usage ici qu'une de ces deux leçons, celle qui nous a paru, par ses qualités supérieures, servir le mieux le but que nous nous proposons: offrir des modèles et des guides aux élèves futurs.

cieusement toutes les parties, excepté celle qu'on doit prendre, et réaliser; ensuite, s'il s'agit d'une Basse, mettre la partie supérieure de notre leçon sur cette Basse et réaliser de nouveau; s'il s'agit d'un Chant, mettre la basse de notre leçon sous ce Chant, et réaliser de nouveau; après quoi, comparer avec notre réalisation. L'élève retirera également un grand fruit de ce double travail et de cette comparaison. Tel est du reste notre but, en publiant cet ouvrage; heureux si nous l'avons atteint.

Paris, le 6 Août 1891.

TH. DUBOIS.

**N. B.**  Bien que beaucoup de leçons de ce Recueil aient un caractère expressif, nous n'avons mis que dans quelques unes seulement des nuances et des liaisons. — Cela à dessein — Nous supposons l'intelligence musicale des élèves, arrivés à ce point de leurs études, suffisamment développée pour comprendre, sans autres indications, le style et l'expression qui conviennent à chacune de ces leçons.

TH. D.

# 42 LEÇONS RÉALISÉES
## (de 1 à 42)

Les 4 premières sont traitées en Basses et Chants alternés; elles sont suivies de 19 Basses et de 19 Chants.

La partie *donnée* de *toutes les leçons de ce recueil* est toujours indiquée par les lettres: B. D. (Basse donnée) ou: C. D. (Chant donné) et chaque leçon porte un N.º d'ordre.

Dans la leçon N.º 3, où la partie *donnée* est alternée dans les 4 parties, l'indication a lieu par une ligne de points: ................................. — Dans les leçons où elle est alternée seulement entre la Basse et le Chant, l'indication a lieu simplement par B. D. et C. D. à l'endroit même où le changement se produit.

Les dessins d'imitation sont indiqués par des lettres suivies de traits comme: A ________ B _______ etc.. ou par un petit trait: ________ quand le dessin est de peu d'importance ou n'est qu'une imitation de rythme, de mouvement.

## N.º 1.

2
C. D.

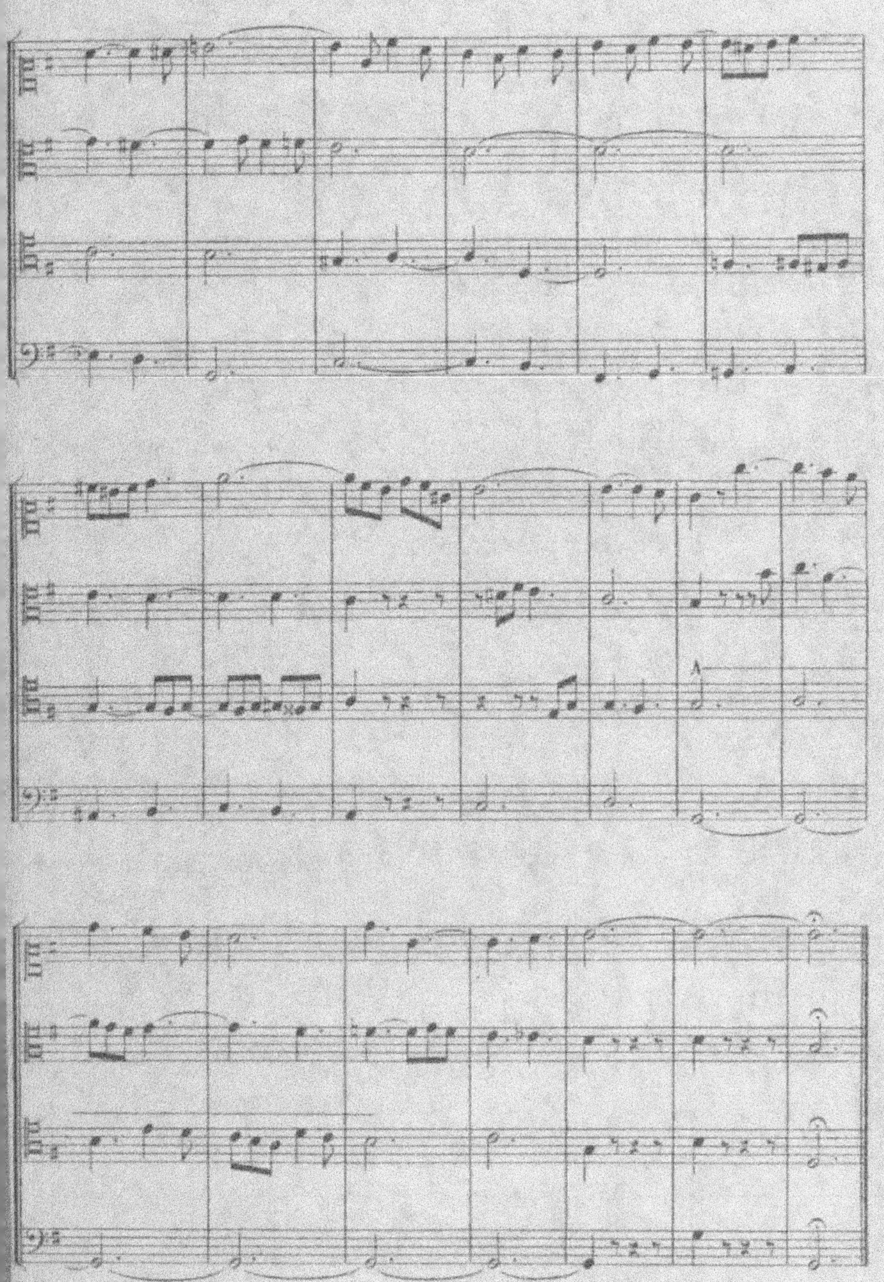

# N.º 2.

C.D.

# N.º 3.

N.B. Dans cette leçon, la partie *donnée* est indiquée par une ligne de points ...........

**Moderato.**

# Nº 4.

C. D.    A.
rall.

# N.º 5.

# N.º 6.

Concours de 1875.

B
C
C
D
B
G
G
Allargando.
A

A cappella
B
A
B.D
A
B
A cappella
N.° 7.

# N.º 8.

# N.º 9.

Allarg.

# Nᵒ 10.

Concours de 1883.

Allargando

# Nº 11.

(1)

Allarg.

# N°. 12.

Concours de 1879.

# Nᵒ. 13.

Concours de 1885.

(1) La partie du signe ✠ au signe ✠ ne peut être donnée aux instruments.

# Nº 14.

# N.° 15.

Dans cette leçon, la Basse et le Soprano forment un Canon à l'8.ve jusqu'à l'avant dernière mesure.

Tempo giusto.

# Nº 16.

## Concours de 1882

# N.º 17.

Im.º
Andante.
1.º moto.
Allarg

# N.º 18.

E
C
E
Largo
AA
BB
B
A
Allegro.
C
C
b
C
C
C

1º moto.

# N.º 19.

Concours de 1888.

poco rit.

# Nº 20.

# Nº 21.

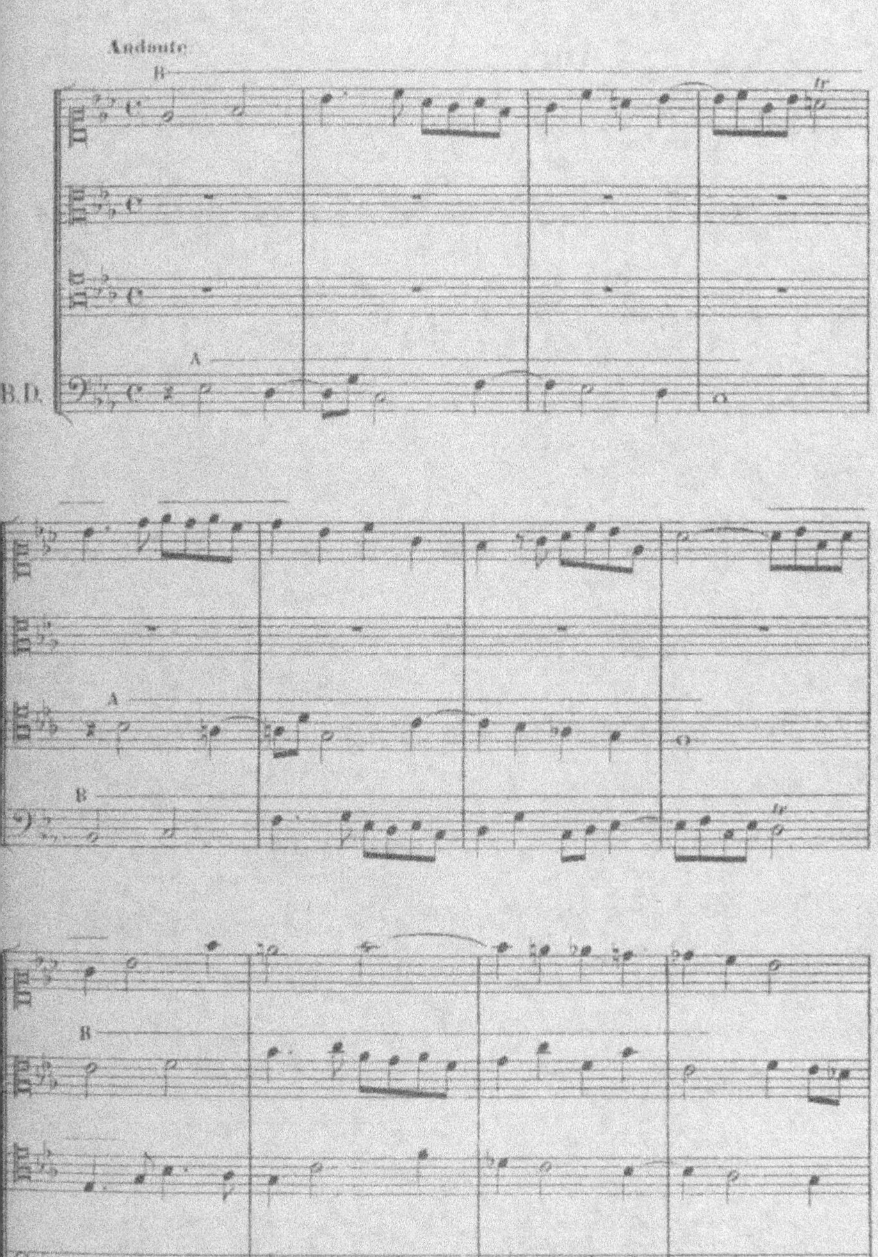

51
A
B
G H I
I
(I)
H pìu lento.
A
(II)
VARIANTE
A
H A

# Nº 22.

## Concours de 1887.

# Nᵒ 23.

Concours de 1891.

Moderato.

B.D.

rit.    a Tempo.
rit.    a Tempo.
allarg.

# N.º 24.

## Concours de 1875.

poco rit.
a Tempo.
1er motif
poco rit.
a Tempo.

58
Andante.
C.D.
Andante.
C.D.

# N.º 26.

# Nº 27.

rit
a Tempo.
rit.

# N.° 28.

Concours de 1883.

rit.

# Nᵒ 29.

Concours de 1879.

# N.º 30.

Concours de 1885.

dimin.
rit.
a Tempo.
p
p
cresc.
animato
f
f
dimin. e calando
allargando e dimin.
p
pp

# N.º 31.

# Nº 32.

rit.

# N.º 33.

l'motif

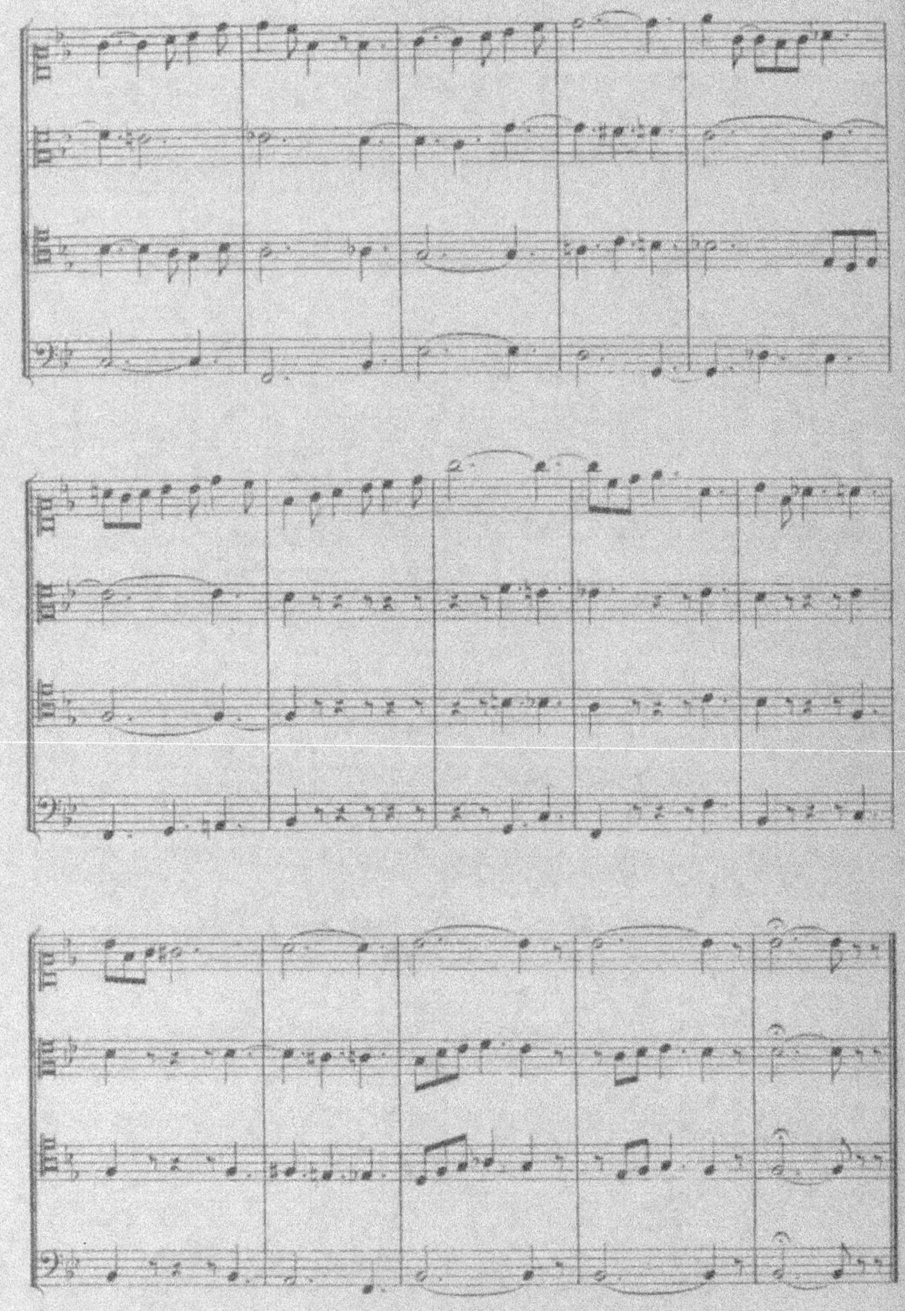

# N.° 34.

N.° 34.

poco rit.
a Tempo.
a Tempo.

79

# Nº 35.

Concours de 1887.

# Nᵒ 36.

Concours de 1882.

cresc.
cresc.
dim.
dim.
dim.
dim.
p
p
p
p
p
p
p
f
Rit.
pp
pp

# N.º 37.

# N.° 38.

Poco allarg.

# N.º 39.

Poco rit.
a Tempo.
Allargando.

# N.º 40.

poco allargando _ _ _ _ _ a Tempo
rit. _ _ _

# N° 41.

# Nº 42.
## Concours de 1891.

# 45 LEÇONS A RÉALISER

## (de 43 à 87)

Les 5 premières sont traitées en Basses et Chants *alternes*; elles sont suivies de 20 Basses et de 20 Chants.

---

## Nº 43.

## Nº 44.

C. D. Andantino.
N.º 45.
Allegretto.
B. D.
C. D.
B. D.
C. D.

# N.º 46.

# N.º 47.

B. D.
C. D.
B. D.
C. D.
B. D.
N.º 48.
B. D.

# Nº 49.

# Nº 50.

Nᵒ 51.
B.D.

# N.º 52.

# N.º 53.

## N.º 54.

# Nᵒ. 55.

# Nᵒ. 56.

N.º 57.
Moderato.
B.D.

## Nᵒ 58.

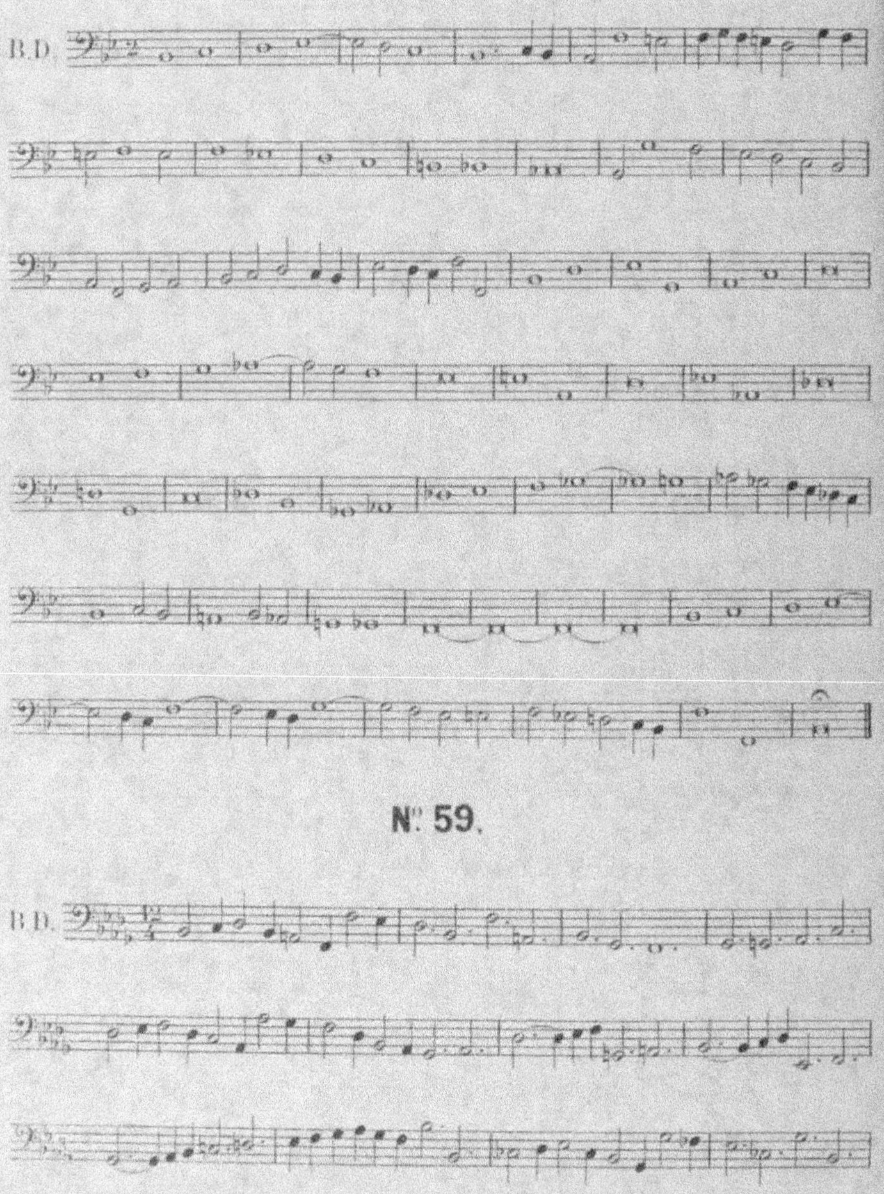

## Nᵒ 59.

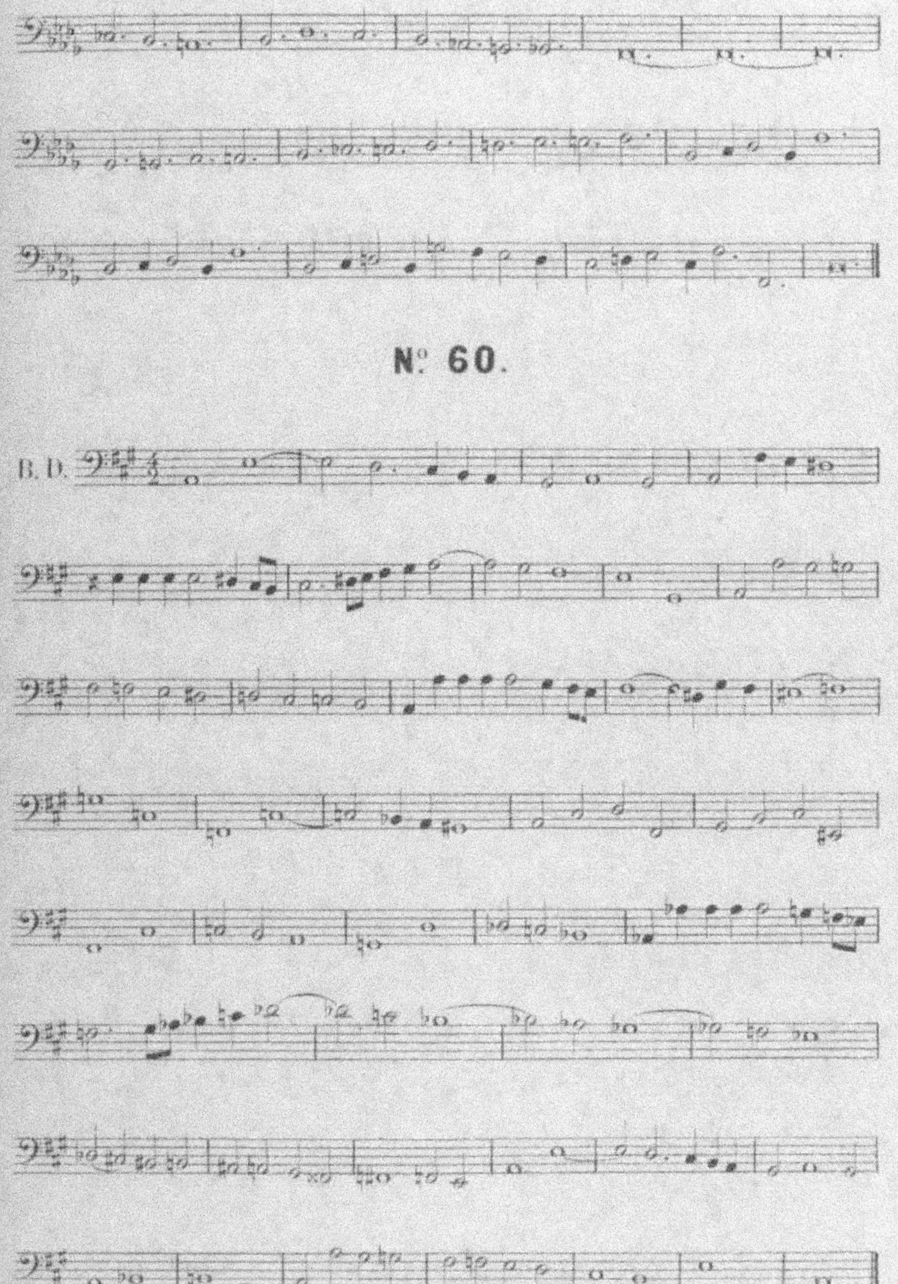
N.º 60.
B.D.

# Nº 61.

## Nᵒ 63.

# N.° 64.

# Nº 65.

Concours de 1874.

# Nº 66.

# Nᵒ. 67.

Nº 69.
Andante.
C.D.

# N.º 70.

# N.º 71.

## Nº 72.

# N.º 73.

# N.º 74.

N.º 75.
Andantino.
C.D.
Lento.

# N.º 76.

# N.º 77

Concours de 1874.

## Nº 78.

# N.º 79.

## Nº 81.

# N.º 82.

# N.º 83.

N°. 84.
Andante.
C.D.

# Nº 85.

# Nº 86.

No 87.
Andte moderato.
C.D.
rit
a Tempo.

# HARMONIE CHIFFRÉE

## des 45 leçons précédentes.

Ces leçons chiffrées portent les N.os bis des leçons correspondantes.

## N.º 43 BIS.

# N° 44 BIS.

# Nᵒ. 45 BIS.

# Nᵒ. 45 BIS.

# N.º 46 BIS.

# Nº 47 BIS.

N.B.   On mettra la partie supérieure sur la basse *donnée* et la basse sous la partie supérieure *donnée*.

# N.º 48 BIS.

# Nᵒ 49 BIS.

# N.º 50 BIS.

# Nᵒ 51 BIS.

# Nᵒ. 52 BIS.

# N⁰ 53 BIS.

# Nº 54 BIS.

# N.º 55 BIS.

## Nᵒ 56 BIS.

# Nº 57 BIS.

# Nᵒ 58 BIS.

# Nᵒ 59 BIS.

# N.º 60 BIS.

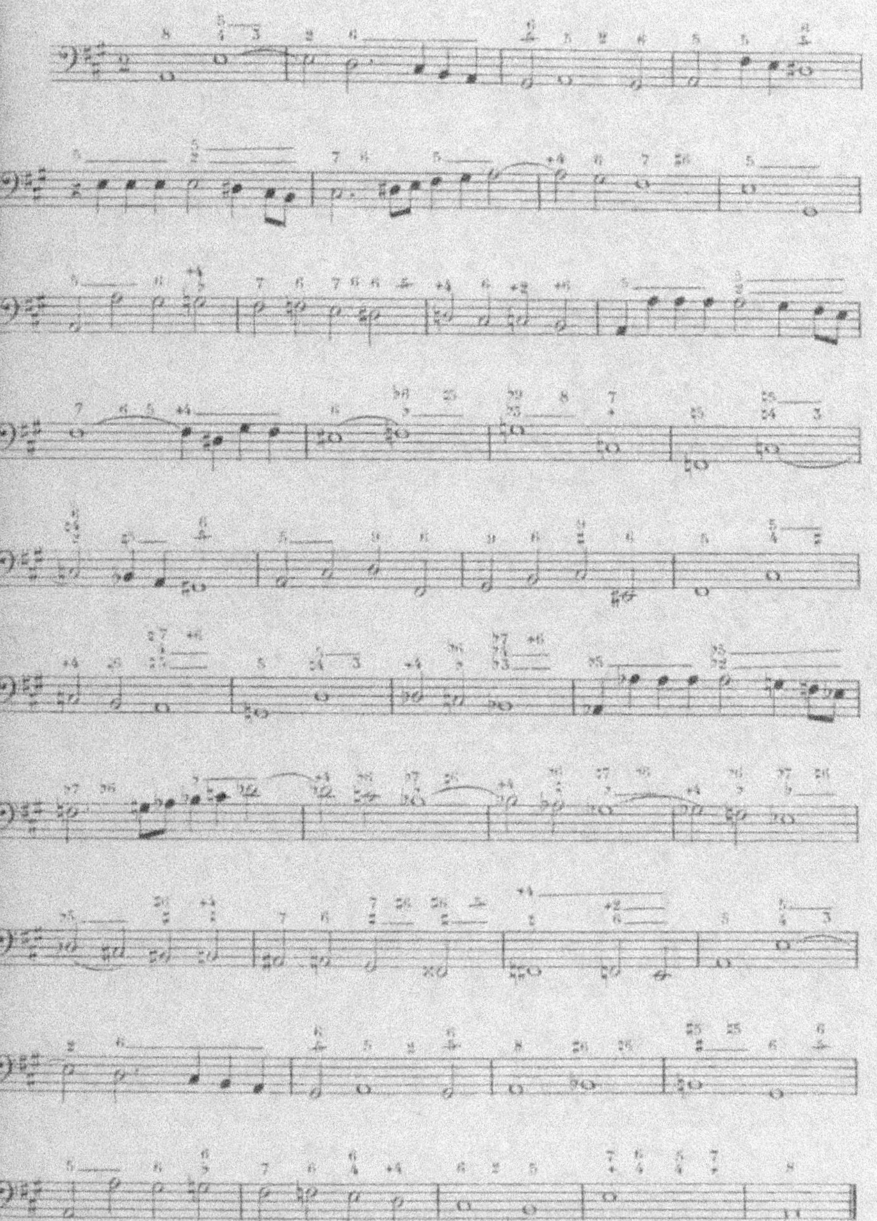

# N.º 61 BIS.

## Nº 62 BIS.

# N.º 63 BIS.

# Nº 64 BIS.

# N.º 65 BIS.

# Nº 66 BIS.

# Nº. 67 BIS.

## N.° 68 BIS.

# Nº 69 BIS.

# N°. 70 BIS.

# Nº 71 BIS.

# N.º 72 BIS.

# N.º 73 BIS.

# N.º 74 BIS.

# N.º 75 BIS.

## N.º 76 BIS.

## Nº 77 BIS.

## Nº 78 BIS.

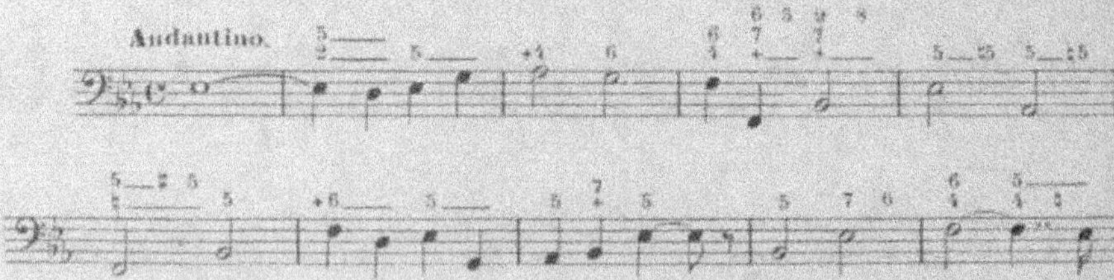

## Nᵒ 79 BIS.

# N.º 80 BIS.

(*) Lorsque les chiffres sont précédés de traits horizontaux aux lieu d'en être suivis, ils indiquent que l'accord qu'ils représentent doit être émis à l'endroit même où commence le trait. Cette manière de chiffrer est surtout commode dans les passages où la basse est syncopée ou retardée; elle simplifie beaucoup le chiffrage.

# N.º 81 BIS.

## N°. 82 BIS.

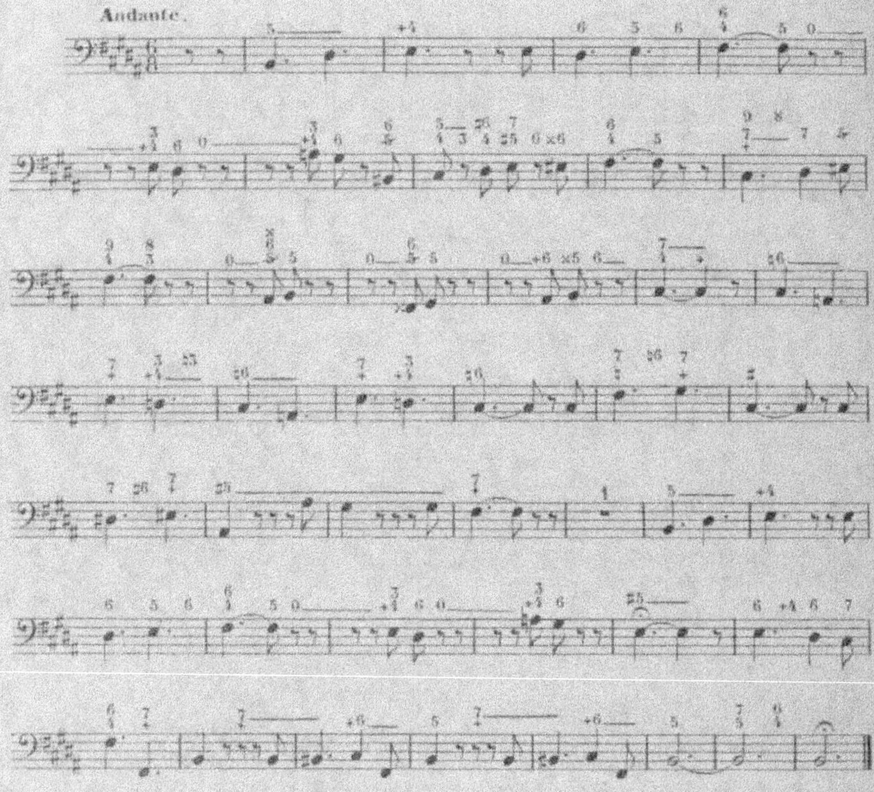


## N°. 83 BIS.

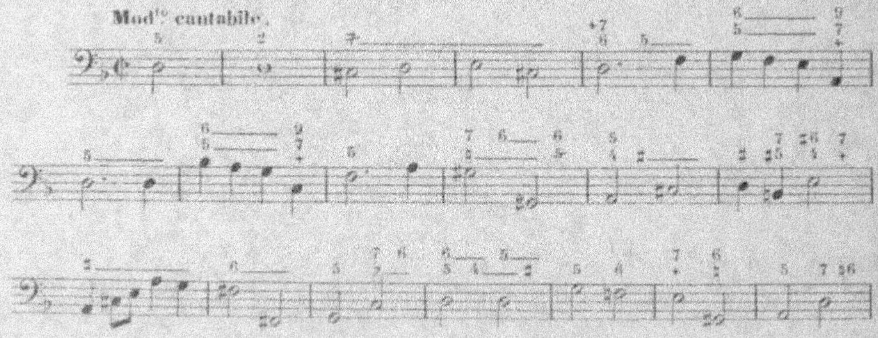

N.º 84 BIS.
Andante.
Tenor

# Nº 85 BIS.

# Nº 86 BIS.

N.º 87 BIS.
Andᵗᵉ moderato.
rit.

# Leçons réalisées des 1ᵉˢ Prix de la Classe d'Harmonie
## de Mᵉ TH. DUBOIS de 1875 à 1891.[1]

### Concours de 1875.

Texte donné de Mᵉ F. BAZIN.　　　　　　　　　　1ᵉʳ Prix: Mᵉ A. MANCINI.

(1) Dans toutes ces leçons, nous avons laissé à dessein les indications, accents, liaisons, nuances, etc... de l'élève lui-même.

# Concours de 1875.

Texte donné de M. F. BAZIN.

1er Prix à l'unanimité
M. LEON KARREN.

mt contraire
A
B
A mt contraire
A
A
A
B
A
A
A
mt contraire

A ut contraire.
A
A
A ut contraire.
A
A ut contraire.
A ut contraire.
A
A ut contraire.
A
C
A ut contraire.
A ut contraire et augmentation
C

# Concours de 1876.

Texte donné de Mr. CESAR FRANCK.

1er 1er Prix: Mr. P. DESCHAMPS.

174
H
F
G
Tête A
H
A
G
A
H
F
F
H
A
G
F
A p. ad cent
G
I
I
Tête A
I
J

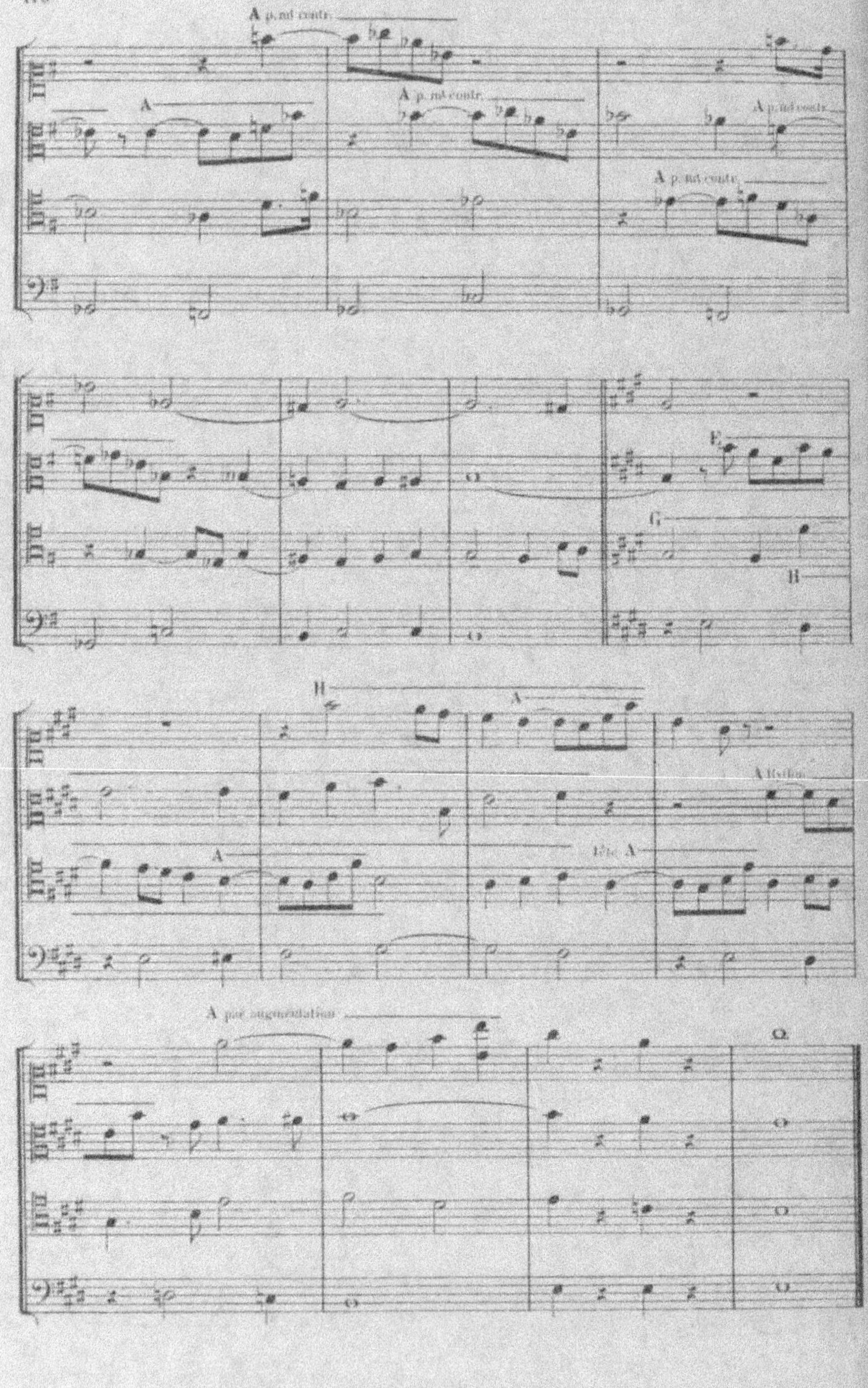
A p. mt contr.
A
A p. mt contr.
A p. mt contr.
A p. mt contr.
E
G
H
H
A
A
Tête A
A Rythm.
A par augmentation

Concours de 1877.

Texte donné de M<sup>r</sup> H. FISSOT.

1<sup>r</sup> 1<sup>r</sup> Prix: M<sup>r</sup> A. DROUIN.

# Concours de 1877.

Texte donné de M<sup>r</sup> H. FISSOT.       2<sup>d</sup> 1<sup>er</sup> Prix: M<sup>r</sup> A. CHAPUIS.

# Concours de 1878.

Textes donnés de M. E. GUIRAUD.　　　　　　　　　1er 1er Prix: M. G. MARTY.

C. D.
Andante.
Andante.

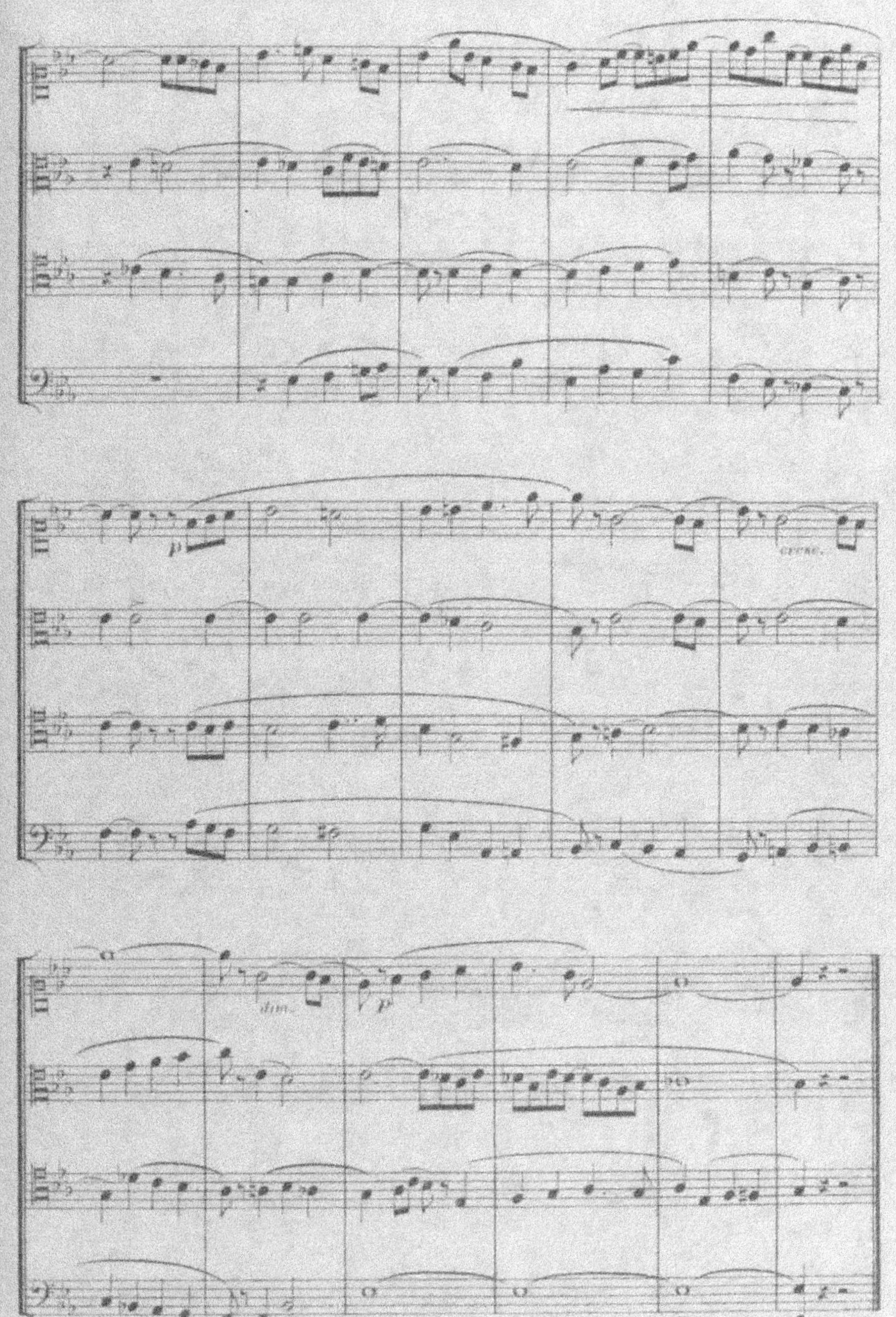

　Concours de 1879.

Texte donné de M.ʳ E. GUIRAUD.　　　　　　　　　1ᵉʳ Prix: M.ʳ F. DUPLESSIS.

Allegretto.

C. D.

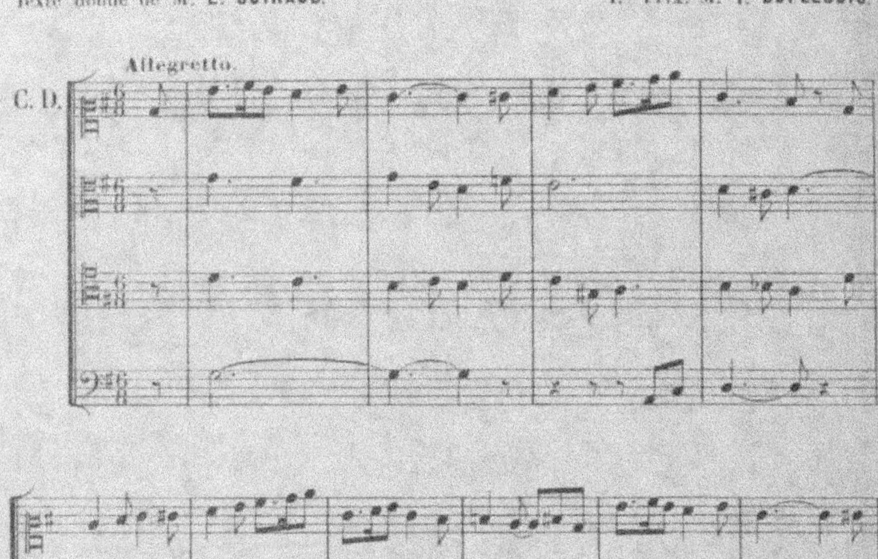

# Concours de 1881.

Textes donnés de Mr E. GUIRAUD.

1er 1er Prix: M. XAVIER LEROUX.

Imit. F
ff diminuendo
p
Imit. F
ff diminuendo
p
Imit. G fr. de A
ff diminuendo
p
Imit. F
Imit. F
Imit. E
Imit. A
f
Imit. A
f
Imit. G fr. de A
Imit. A

Imit. A. prolongée sur la Pédale
f
f
diminuendo.
diminuendo.
Imit. C
Imit. C
Imit. C
f
f
diminuendo.
Imit. C
Imit. C
Imit. C
Imit. C
cre - - scen - - do.
cre - - scen - - do.
Imit. C
cre - - scen - - do.
rall.
ff
ff
Imit. A
ff
ff
ff
ff

Moderato.

C.D.

p
p
p
p
cre - scen -
cre - scen -
mf
dim.
mf
dim.
mf
diminuendo
diminuendo
p
p
p
p

pp
pp
pp
mf
mf
mf
p
p
p
diminuendo.

# Concours de 1881.

Textes donnés de Mᵉ E. GUIRAUD.

2ᵈ 1ᵉʳ Prix: Mᵉ L. GANNE.

par augmentation.

Moderato.
C. D.
p
f
pp
pp
pp
mf
Moderato.

f
mf
dim.
pp
f
mf
dim.
pp
f
mf
dim.
pp
f
mf
dim.
pp

# Concours de 1882.

Textes donnés de Mˢ E. GUIRAUD          1ᵉʳ Prix Mᵉ MARCEL ROUHER.

Andante
C.D.

# Concours de 1884.

Textes donnés de Mᵣ **H. FISSOT**.

1ᵉʳ 1ᵉ Prix à l'unanimité
Mᵣ **V. RADEGLIA**.

Andante.
C. D.
C. D.

# Concours de 1885.

Textes donnés de M<sup>r</sup> E. GUIRAUD.    1<sup>er</sup> 1<sup>er</sup> Prix M<sup>lle</sup> E. LE TOURNEUX

B
D
C
A

C. D.

# Concours de 1885.

Textes donnés de M. E. GUIRAUD.

2<sup>d</sup> 1<sup>er</sup> Prix M. G. BONDON.

C
poco rit.
poco rit.
B
A
B
C
cresc.
cresc.
f
f
p

Allᵒ poco Andante.
C.D.
p
C.D.

# Concours de 1888.

Textes donnés de M<sup>r</sup> E. GUIRAUD.

1<sup>er</sup> 1<sup>er</sup> Prix: M<sup>r</sup> A. MAGNARD.

C
A par augmentation
B
A
A

Andante.
C.D.
C.D.

p legato
p legato
p legato
p
p
p
rit.
rit.
rit.
rit.

# Concours de 1888.

Texte donné de M<sup>r</sup> E. GUIRAUD.

2<sup>e</sup> 1<sup>r</sup> Prix. M<sup>r</sup> A. BURGAT.

# Concours de 1889.

Textes donnés de M: LEO DELIBES.

Pr Pr Prix: Mr J. BOUVAL.

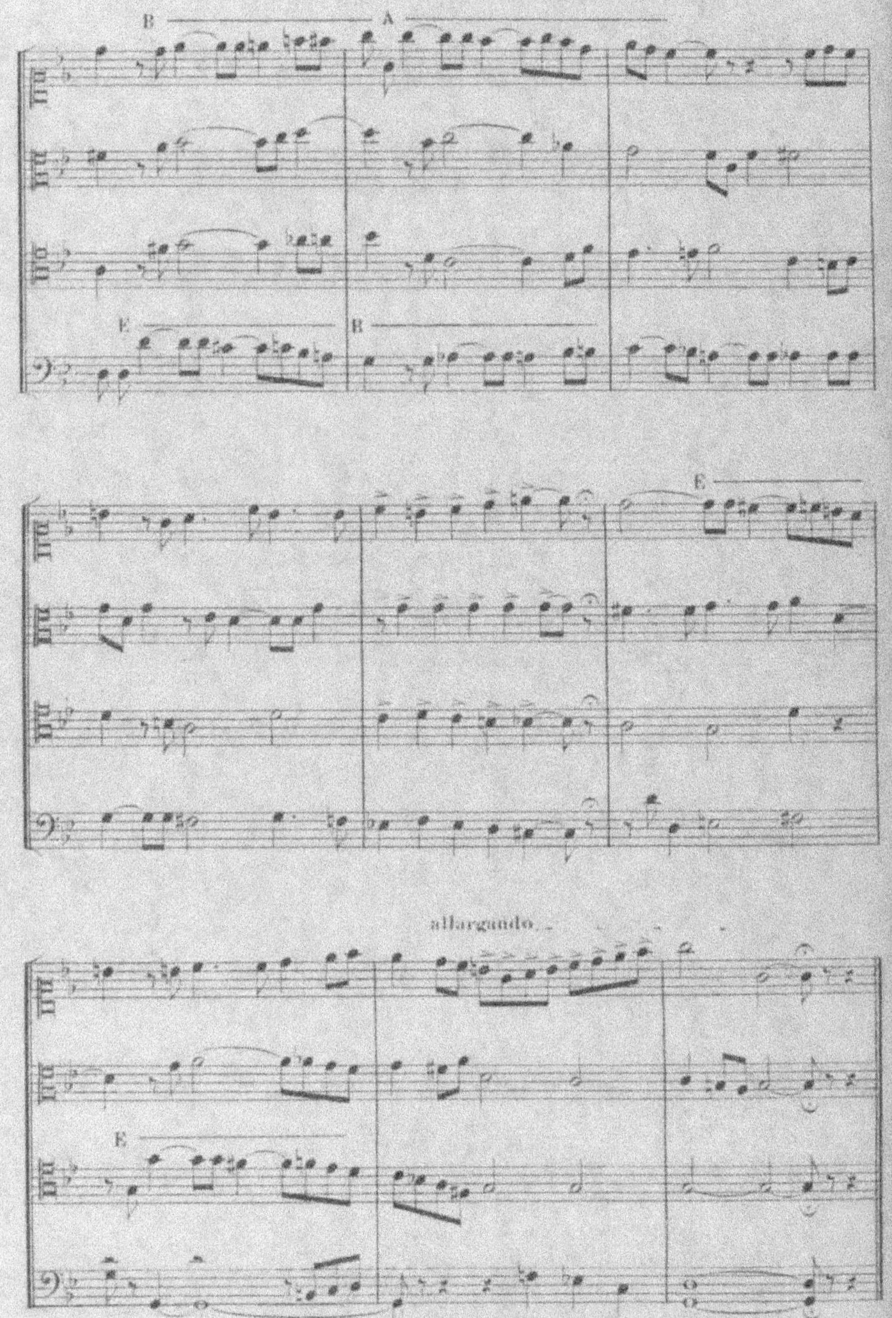
B
A
E
B
E
allargando

Lent.
C.D.

retenez un peu.

1.º Tempo.
cresc.
cresc.

poco rall.
1.º Tempo.
dim.
dim.
dim.

1.º Tempo.

# Concours de 1889.

Textes donnés de M<sup>r</sup> LEO DELIBES.

2<sup>e</sup> 1<sup>er</sup> Prix: M<sup>r</sup> CH. SILVER.

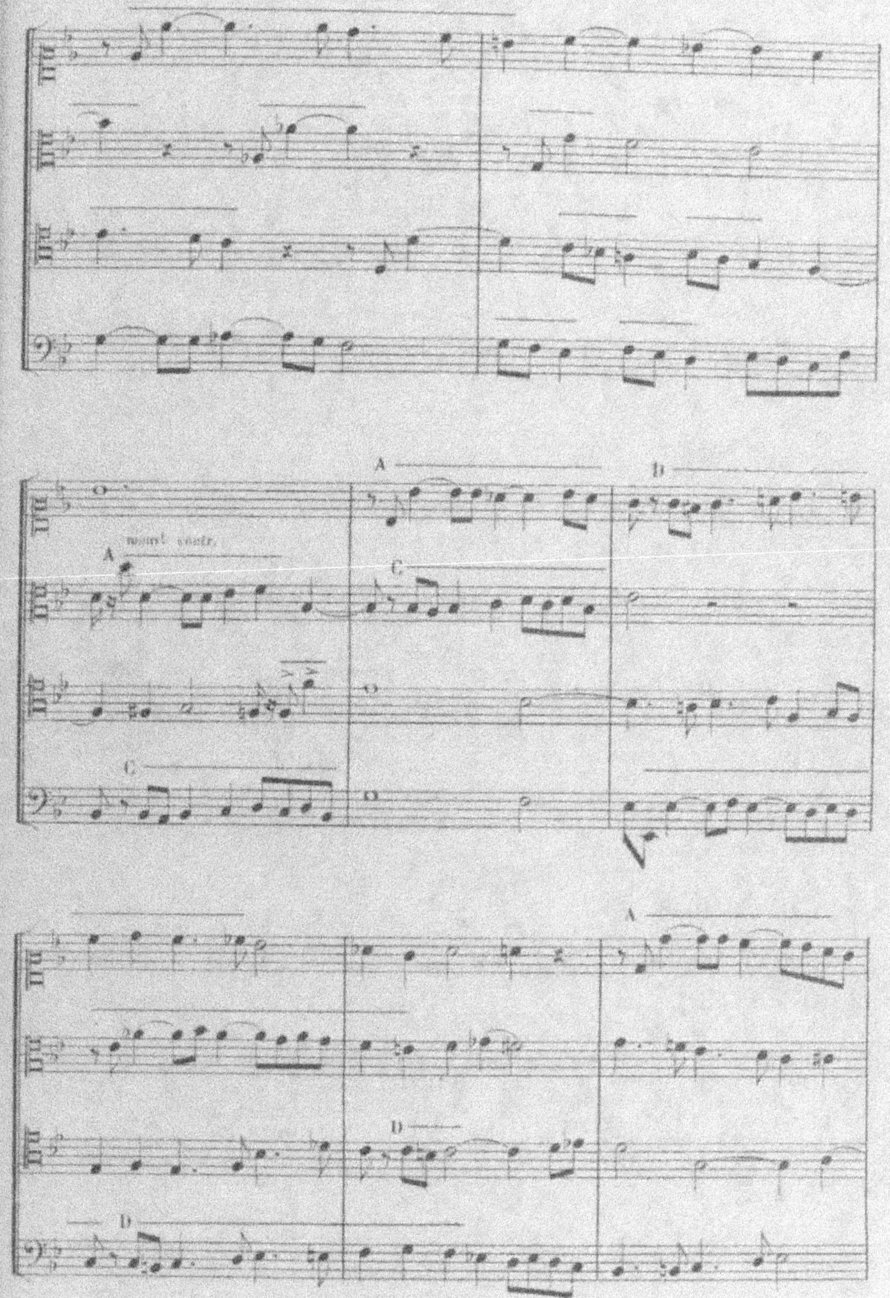

E
F
A
A
E
F
F
A
ff
A
Élargissez.

Lent.
C.D.
Lent.

p

# Concours de 1889.

Textes donnés de M? LÉO DELIBES.    4? 1? Prix: M? EM. ROUX.

232

G
F
A
H
B
H
Allargando.
A
B
A

C.D.
Lent.
C.D.

poco rall.
dim.
a Tempo
p

# Concours de 1890.

Textes donnés de M⁰ A. BARTHE.                    1ᵉʳ 1ᵉʳ Prix: M⁰ E. LE GRAND.

237

C.D.

# Concours de 1891.

Textes donnés de M. A. BARTHE.                    2d 1.er Prix M. LÉON DELAFOSSE.

And.te cantabile.
C.D.
p legato.
mf
mf
And.te cantabile.
p legato.

mf
mf
rit.
a Tempo.
pp
mf
pp
ba
mf
p
rit.
pp

# Concours de 1891

Textes donnés de M.ͬ A. BARTHE.  3.ͤ 1.ᵉ Prix: M.ͬ S. A. JOLLY.

Concours de 1891

Textes donnés de M.ͬ A. BARTHE.  3.ͤ 1.ᵉ Prix: M.ͬ S. A. JOLLY.

Maestoso.

Andte cantabile.
C.D.
legato. p
mf
mf
Andte cantabile.
C.D.
legato. p

rit.
a Tempo.
mf
mf
mf
p

# TABLE DES MATIÈRES.